紫禁城悦读

天子的写真

程子衿◎主编

故宫出版社
The Forbidden City Publishing House

數歲前乃育兩縠雛伏翼
之領哺喝淋滲翡質隨雌
雛老雀籠中情及邀三年
小尾五年大花下開屏金
翠簇絳羽映日煥粹〻團
眼淩風張箇〻低飛嫩篠
高屋檐牆翠雙窺玳瑁
簾抬之即來栢之舞郵廬
翻翩蔥嶺尖於禽亦識土
産好菁莪棲撲風人藻
盈廷濟〻故未能離文揭
覽懸懷花
乾隆戊寅御題

引言

在没有照相机、摄像机的清朝，却有一批宫廷画师，运用西洋绘画技法，将人物、动物、植物、场景如实地记录在了画纸之上，经历上百年，展现在我们面前。我们透过这些绘画，就仿佛穿越到了那个时代，身临其境，感受其氛围。本书为您带来清代宫廷绘画研究者的文章，更有多幅经典的、场面宏大的清宫纪实绘画代表作品，由面到点，先来整体了解清代宫廷纪实绘画的情况，再将之放诸世界，从世界绘画历史的角度，将之与欧洲绘画相比较。最后，让我们透过画作本身，发现一些隐晦历史的蛛丝马迹，做一次“侦探”，体验发现的乐趣。

诞生于清宫中的写真画像，大部分保藏在北京故宫博物院、台北故宫博物院以及国内外的一些博物馆中，另有少量作品散聚在私人手中，为体现宫廷写真的完整性，本书编辑时针对一些重要作品也予以收录，使读者朋友能够更全面地了解宫廷写真的面貌。

透过这些毫墨传神的画像，我们仿佛身临其境，与画中主人进行面对面的“对话”。不论画中人是皇帝还是后妃，是大臣还是侍卫，每个人在画面上所扮演的角色何尝不是其在历史上的真实角色？眉宇相对的那一刻，就是我们回味历史的乐趣所在。

目 录

清朝宫廷纪实绘画

在照相机、录像机发明之前，要将同时代的人物和事件保留下来的最好方法，除去文字记录之外，莫过于采用绘画的手段（欧洲亦有采用雕像的方法）。但是绘画又能够起到文字无法替代的形象作用。所以历代王朝，由于礼制的需要，都曾经在宫廷内容纳众多的画家，来绘制表现当时人物和事件的绘画作品，这些作品都曾见于中国古代绘画史的记载。

用绘画记录时代的做法，在中国最后一个封建王朝——清朝，显得尤为突出重要。清朝的胡敬在《国朝院画录》一书序中曾这样写道："国朝踵前代旧制，设立画院，凡象纬疆域，抚绥挞伐，恢拓边徼，劳徕群师，庆贺之典礼，将作之营造，与夫田家作苦，藩卫贡枕，飞走潜植之伦，随事绘图。"对清朝宫廷绘画的功能及范围作了非常简洁的叙述，这其中就包含了大量的纪实绘画作品。

清朝的宫廷绘画从大的题材来区分，可以有两大类，即纪实性的绘画和装饰性的绘画。宫廷纪实性的绘画在后面还要重点地加以叙述，而宫廷装饰性的绘画虽然数量众多，但是内容无非就是山水画和花鸟画。这部分装饰性的山水画、花鸟画作品无论纵向与历史上同类题材作品作比较，还是横向与同时代相类题材的作品作比较，都是毫无特色可言的，诸位看官看多了之后，必定会产生味同嚼蜡的感觉，千篇一律，缺乏新意。参与绘画的画家也没有多少知名度，手段平平，作品了无生趣。

但是清朝宫廷的纪实性绘画作品却很有作为。

清代宫廷的纪实绘画，从大的方面讲，可以分成三类：记录人物相貌；记录事件经过；记录动、植物。

一　人物

清朝宫廷中的人物肖像画，大都与皇室有关。如果再加以细致区别的话，还可以有皇帝、皇子公主、后妃、文武功臣、太监内官等几类。其中以皇帝的肖像画数量最多。这些作品中的人物肖像，大多具有个性特征，应当都是对着真人写生而成的，有着很高的文献价值。

清人绘　康熙皇帝朝服像轴（局部）
绢本设色　纵 274.7 厘米　横 125.6 厘米
故宫博物院藏

清人绘
雍正皇帝朝服像轴（局部）
绢本设色
纵 276.5 厘米
横 147 厘米
故宫博物院藏

皇帝像

清朝自入关定鼎中原后，共历九代十位皇帝，除去末代宣统皇帝溥仪赶上了照相机的时代留有照片外，其余所有的皇帝的形貌都以画像存世。这些皇帝的肖像画中，大都是人物穿戴整齐的“朝服像”，《乾隆皇帝朝服像》轴就是弘历即位那年二十五岁时的肖像，可谓典型作品。此外乾隆皇帝还有不少的“便装像”、“古装像”或“戎装像”。皇帝的肖像一般是一个人

清人绘
乾隆皇帝朝服像轴（局部）
绢本设色
纵 242.2 厘米
横 179 厘米
故宫博物院藏

的独幅，但也有巨幅作品中皇帝和其他人在一起的群像。清朝皇帝中享年最高寿的乾隆皇帝，留下的画像最多。“古装像”又称之为“行乐图”，多以反映皇帝后宫休闲生活为主。至于像《雍正观花行乐图》轴描绘了这位皇帝在圆明园中见到自己的接班人——年幼的弘历时的情景，已经有学者专门撰文探寻其中的深意。

清　郎世宁
平安春信图轴
绢本设色
纵 68.8 厘米　横 40.8 厘米
故宫博物院藏

清人绘　康熙皇帝半身像屏
故宫博物院藏

皇子、公主像

弘历尚为皇子被封为“宝亲王”时,就有郎世宁(Giuseppe Castiglione)为其画像,《雍正观花行乐图》轴中的少年可以说是现存最早的弘历画像。另外，弘历当皇帝后还有与他的皇子、公主一起的画像。皇帝的这些子女的肖像，一般都附于表现皇帝家庭生活的“行乐图”中,如在《乾隆雪景行乐图》轴上,可以看到乾隆皇帝众多的子女形象，反映了皇室后宫的一个侧面，比较富有生活气息。

后妃像

清朝历代皇后及主要嫔妃差不多均有画像存世，除去穿戴整齐的“朝服像”外，还有若干油画肖像。郎世宁所画的《心写治平图》卷（又称《乾隆皇帝及后妃像》卷）中，描绘了即位当年青年时代的乾隆皇帝以及后妃们的肖像，画像旁边还写有嫔妃的名称，极有历史价值。而《慧贤皇贵妃半身朝服像》油画屏、《纯惠皇贵妃半身朝服像》油画屏等，应当就是为绘制上述画卷而对着真人写生所作的素材性稿本，有很强的真实感。

清人绘　弘历喜雪图轴（局部）
绢本设色　纵 303 厘米　横 206 厘米
故宫博物院藏
与乾隆雪景行乐图（图见《紫禁城》2014 年第二期）一样，
在这幅行乐图中也可以看到乾隆皇帝与子女在一起的肖像。

清　郎世宁　心写治平图卷（局部）
绢本设色　纵 53 厘米　横 688.3 厘米
美国克利夫兰美术馆藏

乾隆元年八月吉日

画像人物包括乾隆皇帝、皇后富察氏、贵妃高佳氏、纯妃苏佳氏、嘉妃金氏、令妃魏氏、舒妃叶赫那拉氏、庆嫔陆氏、颖嫔巴林氏、忻嫔戴佳氏、惇妃汪氏、顺妃钮祜禄氏、循嫔伊尔根觉罗氏。

乾隆皇帝的这幅人物肖像画尤为重要，由于其一侧题有“乾隆元年八月吉日”款，明确表明此幅画像中的乾隆皇帝当为初登基时的二十五岁，这为其他乾隆写真作品的详细年代判断树立了标尺。

令妃

舒妃

惇妃

顺妃

循嫔

清人绘　崇庆皇太后朝服像轴
绢本设色　纵 230.5 厘米　横 141 厘米
故宫博物院藏

清人绘　崇庆皇太后半身像油画屏
纵 57.5 厘米　横 48.2 厘米
故宫博物院藏

清人绘　慧贤皇贵妃半身像油画屏
纵 53.5 厘米　横 40.4 厘米
故宫博物院藏

清人绘　孝贤皇后半身像油画屏
纵 53 厘米　横 40.5 厘米
故宫博物院藏

文武功臣像

这部分画像以“紫光阁功臣像”为主，因画像悬挂存放于西苑中南海紫光阁内而得名，多达数百幅。它描绘了有清一代历次征战中立功将士的相貌。由供职宫廷的欧洲及中国画家艾启蒙（Ignatius Sickeltart）、贺清泰（Louis Antoine de Poirot）、金廷标等通力合作先后完成，画风“中西合璧”：由欧洲画家艾启蒙参与人物面部的绘制，所以画风明显受到西洋绘画的影响；而身体其余部分则以线条表现，当为中国宫廷画家的手笔。档案中明确提到艾启蒙画了平定西域前五十功臣像，从实物分析，后五十功臣像的脸部也出自艾启蒙之手。平定大小金川功臣像的作者则有艾启蒙、潘廷章（Joseph Panzi）。这部分功臣像作品已于晚清八国联军占据北京期间遭到劫掠而散失，目前只见到四五十幅左右，而且分藏于海内外博物馆或私人之手，其国内博物馆所藏仅见于天津博物馆的两幅：《阿玉锡像》轴和《舒景安像》轴。为创作此套“功臣像”，当时还画有油画头像及册页形式的稿本若干，现收藏在德国柏林的国立民俗博物馆以及海内外收藏家手中。阿玉锡和玛瑺二人为平定西域的重要功臣，除去各有画像入紫光阁外，画家郎世宁还为他们二人单独画了《阿玉锡持矛荡寇图》卷及《玛瑺斫阵图》卷，描绘他们冲锋陷阵的英姿。

清人绘　阿玉锡像轴
绢本设色
纵 185.3 厘米
横 94.7 厘米
天津博物馆藏

清人绘　舒景安像轴
绢本设色
纵 152.7 厘米
横 95 厘米
天津博物馆藏

清人绘　哈国兴像立轴
私人收藏

太监内官像

太监和内官的肖像同样也附着于描绘皇帝生活的画幅中。在表现皇帝及后妃像时，有的地方也会看到侍奉帝后的内官和太监的形象，这是宫廷中一个相当特殊的人群。我们虽然无法得知这些人的姓名（因为画幅上没有注明），但是从画面中人物具有个性化的特征，可以知道是实有其人的，也应当是画家从真人写生所得。

清人绘
乾隆观孔雀开屏图帖落
（局部）
可见当时太监内官的
写实形象。

二 事件

记录事件经过的大致有描绘出巡、战争、祭祀、筵宴、典礼、狩猎、朝贡等事件的图画。这些作品一般都场面宏大，人物众多，环境真实，具有“实录”的价值。

出巡

清代的康熙皇帝和乾隆皇帝在位时都有六次南巡盛举，并且留下了图画。王翚等人所画的《康熙南巡图》有十二卷，描绘皇帝玄烨于康熙二十八年（1689 年）第二次南巡的盛况；徐

清　王翚等绘
康熙南巡图第九卷（局部）

扬所画的《乾隆南巡图》十二卷是描绘皇帝出巡的纪实性绘画中最有代表性的作品。这几组作品均为高头大卷，分卷独立，又首尾相接，每卷短则十余米、长则近三十米，描绘细致具体。全卷人物众多，山川形势，城池车船，各行各业，林林总总，几乎覆盖了皇帝所经过之全部路程。类似的作品还有徐扬所画的《盛世滋生图》卷（又称《姑苏繁华图》卷）等，对于当时社会的各个方面做了细致的描绘，虽然不乏美化的成分，但是毕竟为现在了解彼时江南的繁华，留下了大量形象的资料。

绢本设色　全卷纵 67.8 厘米　横 2227.5 厘米
故宫博物院藏

清　徐扬　乾隆南巡图第九卷（局部）
绢本设色
故宫博物院藏

战争

战争毕竟乃刀光剑影、血肉横飞的凶险之事，故而历代绘画中较少直接加以描绘，而在画面中直接表现征战的场面则是清宫廷绘画题材上的一个特色。虽然宫廷画家曾经参加若干宴会场合，但是未见被派往战场做“战地记者”的记载，所以战争场面的绘画应当是事后由宫廷画家向当事者了解后再画成的。留下的作品中既有手绘的作品，又有铜版画。其中以富有欧洲风味的《平定准部回部战图》铜版画最有特点。这是清乾隆二十年至二十四年（1755–1759 年）间一场在中国西部边境平定准噶尔部与回部叛乱的大规模战争，当取得全胜后，皇帝下令绘制图画，以宣扬武功。因为由欧洲画家郎世宁、王致诚（Jean Denis Attiret）、艾启蒙、安德义（Joannes Damascenus Salusti）四人绘制的草图，又送往巴黎由法国的雕工制成铜版印制，所以更多的体现了欧洲艺术的风貌。不过以此为起点，清宫随后又由中国的宫廷艺匠制作了多套铜版画作品，表现历次战争的场景，这些铜版画作品则具有浓厚的中国风味。此后宫廷中又将历次战争的场景制作成铜版画刻印，如《平定大小金川战图》铜版画、《平定台湾战图》铜版画等。根据档案记载，在制作《平定大小金川战图》时，由贺清泰与艾启蒙先完成了一部分，呈给乾隆皇帝御览，乾隆皇帝认为其不如法国印本《平定西域战图》细致，令他们仿照镌刻。可见

清人绘　平定准部回部战图铜版画
纸本印制
每幅纵 55.4 厘米　横 90.8 厘米
故宫博物院藏

此套铜版画当为法国巴黎雕工制成，每幅铜版画的角落处都镌有法国雕刻工匠的名字。

清人绘　平定准部回部战图铜版画
纸本印制
每幅纵 55.4 厘米　横 90.8 厘米
故宫博物院藏

平定准部回部战图铜版画之“通古斯鲁克之战”

平定准部回部战图铜版画之“郊劳成功诸将士”

平定准部回部战图铜版画之“凯宴成功诸将士”

平定准部回部战图铜版画之“平定回部献俘”

乾隆皇帝对这套法国印本的评价不低。除去小幅的铜版画外，还有手绘设色的同样内容、同样构图的小幅战图出现于宫廷中。当时在紫光阁中悬挂有巨幅的战图，时间范围从乾隆时期直至晚清。乾隆时期平定准部、回部得胜后就画有张幅巨大的“战图”若干，但是晚清八国联军占据北京期间，收存悬挂这些作品的紫光阁遭到劫掠，它们几乎都流散到了海外，现在尚有几幅平定太平天国巨幅战图由国内的民间收藏家从海外购回。晚清的战图绘画与之前最大的不同，就在于画中朝廷重要将领画像旁边都有一个题签，标明此名将领的姓名，这也算是绘画纪实风格的一种进步。

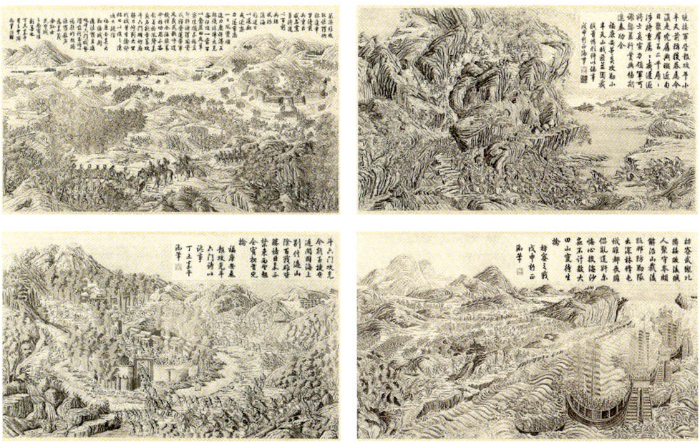

清人绘　平定台湾战图铜版画

纸本印制　每幅纵 50.2 厘米　横 86.7 厘米　故宫博物院藏

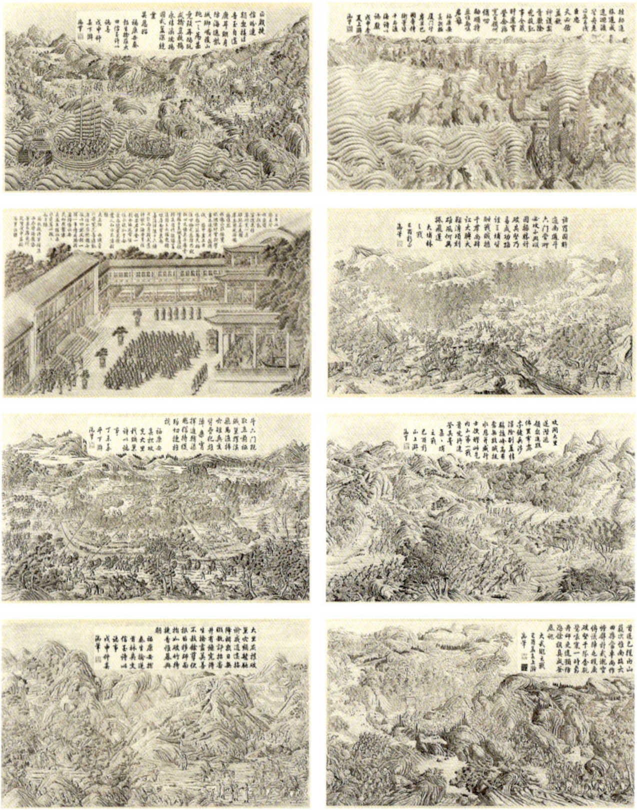

清人绘　平定台湾战图铜版画
纸本印制　每幅纵 50.2 厘米　横 86.7 厘米
故宫博物院藏

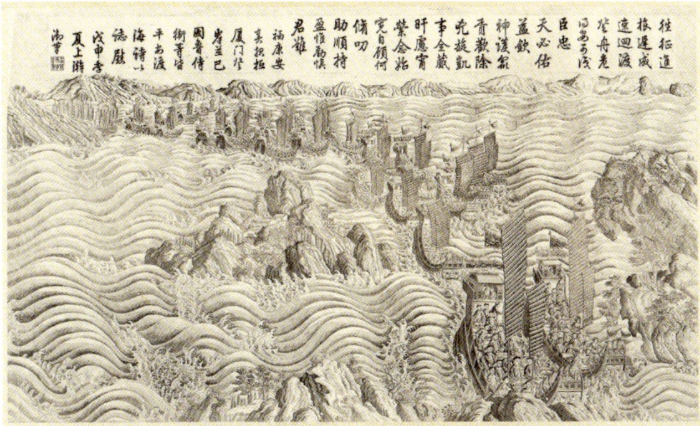

平定台湾战图铜版画之“渡海凯旋”

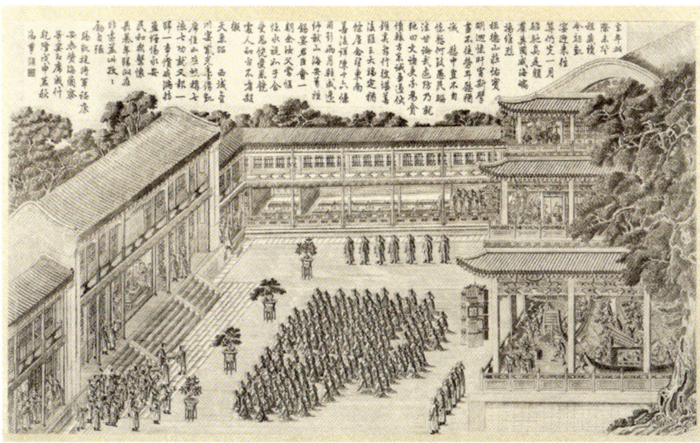

平定台湾战图铜版画之“凯旋赐宴”

清人绘　平定大小金川战图铜版画
纸本印制　每幅纵 55 厘米　横 88 厘米
故宫博物院藏

清人绘　平定大小金川战图铜版画
纸本印制　每幅纵 55 厘米　横 88 厘米
故宫博物院藏

祭祀

《雍正祭先农坛图》卷，描绘了二百余年前皇家祭祀农神的场面，非常真实和具体，照着图中所描绘的场景，再结合文

清人绘　雍正祭先农坛图卷（上卷）及局部
绢本设色　纵 61.8 厘米　横 467.8 厘米　故宫博物院藏
下卷收藏于法国巴黎吉美博物馆

献记载，几乎可以复原当初所有的细节。《孝贤皇后祭先蚕坛图》卷描绘皇后亲赴先蚕坛祭祀蚕神的真实场景，画幅表达了对“男耕女织”理想社会的一种向往。

筵宴

姚文瀚所画的《紫光阁赐宴图》卷，记录了1762年平定西域战争得胜之后在中南海紫光阁王公贵族、文武大臣、蒙古族首领庆功的情景；张镐的作品《瀛台赐宴图》卷描绘了1746年中南海“瀛台宗亲宴”的场景；《塞宴四事图》轴描绘了乾隆皇帝在塞外接见宴请蒙古部族首领的场面，十分壮观，图中不光出现了皇帝及其近臣的形象，还画有若干后宫的嫔妃，其中的一位装束不同于其他诸位，她很可能就是乾隆皇帝的回部妃子——容妃（即民间传说中的“香妃”），这幅画和另一卷《威弧获鹿图》卷中骑马追随乾隆皇帝射鹿的妃子形象，已经引起了学者们求索和探讨的兴趣。《弘历观马技图》横幅及《乾隆万树园赐宴图》横幅，则描绘了乾隆十九年（1754年）在承德避暑山庄为接见蒙古部族的首领而举行的马术表演和宴请的场面。横向的宽银幕式的画面，构图真实、生动，使观者有身临其境的感受。

清人绘　威弧获鹿图卷（局部）
故宫博物院藏

清　姚文瀚　紫光阁赐宴图卷　纸本设色　故宫博物院藏

清　姚文瀚　紫光阁赐宴图卷（局部）
纸本设色　故宫博物院藏

清　张镐　瀛台赐宴图卷及局部
绢本设色　纵 36.7 厘米　横 307.7 厘米
辽宁省博物馆藏

清人绘　塞宴四事图轴

绢本设色　纵 316 厘米　横 551 厘米　故宫博物院藏

塞宴四事图轴局部之“乾隆皇帝”

塞宴四事图轴局部之“相扑”

塞宴四事图轴局部之“进餐的侍卫”

塞宴四事图轴局部之“身着黄马褂的侍卫”

塞宴四事图轴局部之“身着蓝马褂的侍卫”

塞宴四事图轴局部之“教駣”

塞宴四事图轴局部之“什榜”

塞宴四事图轴局部之“正在相扑的二人”

清人绘　威弧获鹿图卷及局部
纵 37.6 厘米　横 195.5 厘米　故宫博物院藏

清人绘　弘历观马技图轴
绢本设色
纵 223.4 厘米　横 426.2 厘米
故宫博物院藏

清人绘　弘历观马技图轴（局部）
绢本设色　纵 223.4 厘米　横 426.2 厘米
故宫博物院藏

清人绘　弘历观马技图轴（局部）
绢本设色　纵 223.4 厘米　横 426.2 厘米
故宫博物院藏

清　郎世宁等合绘　万树园赐宴图轴
绢本设色　纵 221.2 厘米　横 419.6 厘米　故宫博物院藏

清人绘　雍正临雍图卷
纵 62.8 厘米　横 619.5 厘米　故宫博物院藏

典礼

《雍正临雍图》卷描绘了雍正皇帝到京师国子监讲课的场面；《大阅图》四卷，第一卷“幸营”目前下落不明，第二卷“列阵”现为故宫博物院所藏，第三卷“阅阵”、第四卷“行阵”现为私人所收藏。全图描绘了乾隆四年（1739 年）十一月，弘历即位后首次在南苑检阅八旗兵将时的盛况，再加上巨幅的《乾隆骑马戎装像》，乾隆时期皇帝检阅军事力量的场面，就全景式的一一显现在今人的眼前。张廷彦、周鲲合画《苑西凯宴图》卷，画幅中间的上方，有乾隆时大臣嵇璜抄录乾隆皇帝御制诗一段：“经略大学士忠勇公傅恒，奏凯金川，率领诸将士还朝，赐宴丰泽园，用昭饮至之典，即席得长律一首：卡撒功成振旅归，升平凯宴丽晴晖。两阶干羽钦虞典，六律宫商奏采薇。湛露应教颁幕殿，甘膏更喜遍春畿。持盈保泰咨同德，偃武修文凛敕几。臣嵇璜敬书”。画幅的最后边沿署款：“臣张廷彦周鲲

合笔恭绘”一行，款下钤印两方：“臣张廷彦”、“恭画”。画中所描绘的地点和场景，按照画中文字所示，应当是大内西苑东岸的丰泽园内外一带，画面的最后隐约可见隔开中海和北海的“金鳌玉蝀桥”和桥东的“团城”。此图卷原是《初定金川出师奏凯图》四卷组画中的一卷，根据《石渠宝笈·重编》一书的记载，第一卷为《祃纛命师图》，由姚文瀚、周鲲合绘；第二卷为《长安御饯图》，由张为邦、周鲲合绘；第三卷为《归诚奏捷图》，由陈士俊、周鲲合绘；第四卷为《苑西凯宴图》，由张廷彦、周鲲合绘，现已散落“失群”了。《崇庆皇太后万寿图》卷画的是乾隆的生母六十大寿庆典中，礼仪队伍一行簇拥着皇太后，从清漪园（即今日之颐和园）返回紫禁城寿安宫的全部过程，使观画者有身临其境之感；《光绪大婚图》册把光绪皇帝结婚的全部过程描绘了出来，犹如纪录片电影。

清人绘　雍正临雍图卷（局部）
纵 62.8 厘米　横 619.5 厘米　故宫博物院藏

清人绘　大阅图第二卷及局部
绢本设色　全幅纵 68 厘米　横 1757 厘米
故宫博物院藏

正黃旗滿洲護軍火器營

清　张廷彦、周鲲合绘　苑西凯宴图卷
绢本设色　纵 43 厘米　横 600 厘米
私人收藏

清人绘　光绪大婚图册（局部）
故宫博物院藏

清人绘　崇庆皇太后万寿图卷（局部）
全幅纵 65.1 厘米　横 2517.8 厘米
故宫博物院藏

狩猎

这是清朝皇室既带有习武意味，又兼有娱乐性质的一项活动，尤其是前期的几位皇帝，几乎每年秋季都要带领皇室成员及众多官员，前往承德以北的木兰皇家猎场围猎野生动物。《木兰图》四卷，就是描绘乾隆时期的一次狩猎活动，画卷由郎世宁等宫廷画家合作绘制，犹如连环画一般，展现了同一事件中的不同场景。《哨鹿图》轴由宫廷画家郎世宁与唐岱共同完成，画面描绘狩猎的队伍，盘山而行，出没在木兰围场的崇山峻岭之间，乾隆皇帝骑马行进在队伍的前面，其他贵族侍卫簇拥在身旁。郎世宁所绘《射猎聚餐图》轴则是一次对以皇帝为首的满洲贵族战果辉煌的狩猎活动的生动写照：狩猎活动结束，乾隆皇帝与众人围坐在山间的坡地松树下，一起剥鹿皮、割鹿肉、烤鹿肉、烩鹿汤，其乐融融。

清　郎世宁　射猎聚餐图轴
绢本设色　纵 317.5 厘米　横 190 厘米　故宫博物院藏

清　郎世宁、唐岱合绘
哨鹿图轴
绢本设色
纵 267.5 厘米
横 319 厘米
故宫博物院藏

朝贡

清朝国力强盛之际，影响到周边的国家都纷纷归附，定期或不定期前来朝贡，朝贡之物都是当地特有的名产。西域地区盛产名马，中土的皇帝又极其喜欢马匹，所以描绘朝贡名驹的图画甚多。《哈萨克贡马图》卷描绘乾隆皇帝在圆明园或避暑山庄，接见前来朝贡的准噶尔部、哈萨克部的使者，画面上不光画有进献的马匹，还画了随行的异域人员。清朝宫廷中还有一种继承前代题材称之为《职贡图》的作品，一般都为长卷形式，描绘清朝境内、周边乃至域外的各个地区各个民族人物，选男女各一，画出他们的形貌、服饰，再辅之以文字加以说明，对于了解当时民族的分布及历史状况极有价值，同时也说明了清朝对于当时外部世界的认识。

清　郎世宁　哈萨克贡马图卷（局部）
绢本设色　全幅纵 40.4 厘米　横 262.3 厘米
法国巴黎吉美博物馆藏

三　动、植物

记录动、植物的绘画作品在清宫中大量存在，从表面来看，画中无非是些骏马、猛禽、猎犬以及花花草草，但同时从画幅上的文字中可以得到很多历史信息。这些动、植物都是特定的个体，不少还起有别致的专有名号，如骏马就有《万吉骦图》横幅、《阚虎骝图》横幅、《狮子玉图》横幅、《霹雳骧图》横幅、《雪点雕图》横幅、《自在驈图》横幅、《奔霄骢图》横幅、《赤花鹰图》横幅、《英骥子图》横幅、《籋云駃图》横幅等称呼，画上不光

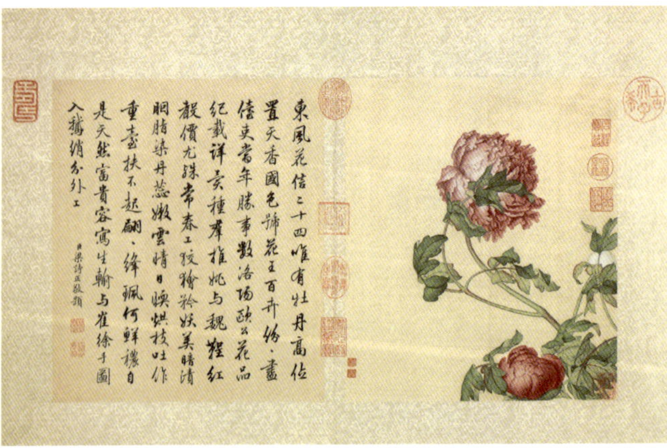

清　郎世宁　花鸟册（册页之一“牡丹”）
绢本设色　每页纵 32.6 厘米　横 28.6 厘米　故宫博物院藏

清 郎世宁 花鸟册（册页之一“鸡冠花”）（局部）
绢本设色 每页纵32.6厘米 横28.6厘米 故宫博物院藏

写了马的名号，还记录下它的长、高、宽尺寸，是何处何人所进献，这对于了解当时清朝政权与周边各藩属、邻国的关系等同样有着重要的史料价值。画的是动物、植物，反映的却是画面背后的历史，所以这些作品同样也属纪实绘画之列。以上十匹大马除去由郎世宁画了几乎与真马一般大小的巨幅画以外，还由供奉清廷的法兰西传教士画家王致诚画了内容相同的十幅小的册页画。郎世宁所画的《准噶尔贡马图》卷、《爱乌罕四骏图》卷等也属这样的作品。又如欧洲传教士画家艾启蒙画有《十骏犬图》册，记录了宫中豢养的猎犬，它们都起有专门的名字。

至于记录植物、花卉等的画幅，则类似于细致描绘的标本图样，此类图画在中国和欧洲历史上都曾有出现过，比如中国明朝李时珍《本草纲目》一书中的插图；在欧洲则有意大利文艺复兴之后由自然科学家及艺术家们共同参与绘制的标本画。此类图画作品的价值（包括其艺术方面的价值以及植物学、动物学等自然科学方面的价值），现时还较少为研究者所瞩目，其实同样应当引起注意。

清　郎世宁　午瑞图
绢本设色
纵 140 厘米　横 84 厘米
故宫博物院藏

清　艾启蒙　十骏犬图册

纸本设色　每页纵 24.5 厘米　横 29.3 厘米　故宫博物院藏

嘉慶御覽之寶

清宫纪实绘画大致起始于康熙时期，而盛于雍正、乾隆二代，此后虽然作品的质量不是十分稳定，但是如此做法却一直延续了下来，直至末代皇帝溥仪之前。而溥仪时代，摄影技术已经传入宫中，这位三岁登基的小皇帝已然有了照片问世。从此，就不再需要招聘大量的画家用画笔来描绘皇帝的形象和活动了。随着末代皇帝的退位，共和政权的建立，宫廷绘画到此也完成了它的历史使命，销声匿迹了。

这一说法略绝对，不过像清朝那样，存世的纪实绘画数量之多、张幅之大、描绘之具体、表达之细致、场面之宏大，可谓超越前代许多。这是清朝宫廷绘画在题材上的主要特色，而相对来说，清朝宫廷内的山水画、花鸟画就比纪实画逊色得多了。那些装饰殿堂用的宫廷山水画、花鸟画数量虽然很大，但是艺术上却没有什么新的创造，面貌相当老旧。当我们看着那些清朝宫廷的纪实绘画时，尤其能够察觉到图画中的写实成分，给人有面目一新的感受。其中的很多场面景观，几乎可以按照图中所示，指点出这是何地何处，甚至可以原样恢复。由当时人画当时事，仅就这一点，清朝宫廷纪实绘画的价值，就是无法替代的了。

再者，清朝宫廷纪实绘画的图像资料，对于今天拍摄清宫题材影视剧的从业人员来讲，几乎就是现成的借鉴物，这些场景、人物的装束，如果按照画面复现，就几乎不会出现差错，其重要的参考价值，是不言而喻的。

清宫纪实绘画的大量出现及成就突出，有其一定的历史原因。首先，清朝是一个由地处东北白山黑水间的渔猎民族，以其强劲的武力，占据中原夺得天下的，所以他们十分注重反映自己民族的业绩，再加上康熙、雍正、乾隆三代皇帝又非常注重其在历史上的地位。我们在阅视清朝的宫廷绘画时就会发现这样一个事实：描绘本朝的纪实绘画数量巨大，而反映此前历史的画幅则寥寥无几，其重视本朝的历史及功绩，并且利用绘画的上佳手段加以表现，可谓不遗余力。

其次，从美术发展的历史角度而言，还有一个不可忽视的因素：恰好在这个时期，一批欧洲的传教士画家来到了东方，并且进入宫廷为中国皇帝效劳。他们带来了若干欧洲绘画的门类以及精确写实的绘画技法，极大地补充和丰富了中国传统绘画的表现手段，使得这部分宫廷绘画增加了很多新的因素而别具风格和面貌。也就是说，欧洲写实绘画的技法为清朝纪实绘画的极大发展，提供了绘画技术上的一个保证，从而增加了若干推动和促进的因素。这些欧洲画家不光自己作画，而且还将西方的绘画方法和技巧传授给中国的宫廷画家。文字记载中，意大利画家郎世宁的中国徒弟就有斑达里沙、八十、孙威凤、王玠、葛曙、永泰、张为邦、张廷彦、丁观鹏、姚文瀚、王幼学、王儒学、孙祜、于世烈等多人，满族、汉族、蒙古族人都有。

说到这个问题时，就需要对彼时中国传统绘画的发展及画坛的现实作一比较。中国传统画坛发展至清代初年，题材上主要以山水及花卉画为主，相比之下，人物画及人物肖像画，已处于不甚景气的状态中，即使还有不少画家从事此项绘事，但是他们的身份颇类似于画匠，无法与文人画家的声望、地位相比，整个社会重视的是文人绘画和画家。在如此的大环境、大氛围中，清朝的宫廷画师不得不借助于新的表现手法和表现技术，也正是清朝皇帝有这样的政治需求，恰好就有一批擅长写实的中外画家来提供这样的可能，于是就出现了我们现在所看到的“中西合璧”风格、数量众多的清朝宫廷纪实绘画作品。这是一个很有趣的问题，仍然值得进一步加以摸索和探讨。

我们从流传至今清朝之前的宋、元以及明代宫廷绘画中也曾经看到过如上题材的绘画作品，但是无论从其数量规模、绘制的范围，还是绘画的写实程度等方面，清朝的宫廷绘画都能够胜出许多。（聂崇正）

融汇中西的清宫肖像画

肖像画是人物画的一个分支，中国古代虽然有肖像画这一绘画样式的存在，但没有“肖像画”这一专门术语。中国传统肖像画叫“写照”、“传神”或“写真”,还有“影像”、“圣容”、“云身”、“小像”等，泛指人像而言。肖像画与人物画相比，有其特殊的属性，首先肖像画具有特定性，描绘的必须是现实生活中或历史上实际存在的真实人物，是客观存在的、具体的某个人；其次是真实性，肖像画以形似为第一要务，形似是前提，形具而后神生。这两点是肖像画区别于一般人物画的基本原则。

中国传统肖像画以线描为造型基础，着重刻画最具个性特征的人物面部，人物多取正面或微侧面，五官略作晕染。而对人体少有直接的表现，人物的体型、姿态多是通过对衣纹的描绘间接体现。画家也不热衷于了解人体骨架、肌肉的结构知识，而是更多地用心磨炼线描技巧，开发多样的笔墨形式。在中国画中，线条轮廓是人物形体塑造的基础。线描形式的丰富性成就了中国人物画的多样风格。

中国早期的人物肖像多出现在纪实类绘画中，如：唐阎立本《步辇图》、五代顾闳中《韩熙载夜宴图》、宋徽宗《听琴图》等，这些作品都是人物群像。明清以后，独立的肖像画才渐成体系。

明代中叶以后，传统的肖像画表现手法以“江南派”和“凹凸派”为代表。“江南派”是在勾线的基础上多次敷色渲染，比以前的单线勾勒然后以色彩平涂的传统手法更具有表现力。

明　曾鲸　葛震甫像卷（局部）
纸本设色　纵 32.5 厘米　横 77.5 厘米
故宫博物院藏

此卷系明代著名人物肖像画家曾鲸为文人葛一龙所作。图中人物墨髯如缕，用笔极为细腻。面部以淡墨绘形，而后以赭石等色在鼻洼、双颊处层层渍染，表现出凹凸层次，颇具立体效果。人物双睛如墨，炯炯有神，而面部皱纹、眼袋的细腻描绘则恰如其分地表现了葛氏当时的年龄特征。人物衣纹画法相对简单。创作时间大致在崇祯年间。

曾鲸（1564–1647 年），字波臣，福建莆田人，寓居金陵（今南京）一带。以为人作肖像为生，精工写照，如镜取影，妙得神情。曾鲸的人物肖像画与传统肖像画勾勒敷色有所不同且迥异时流，因而名声大振，独步艺林。其师从者甚众，成为明代后期画坛重要的写真派别——“波臣派”的创始人。

明万历年间传教士利玛窦来华，带来了《圣母圣婴像》等肖像画，肖像画家曾鲸颇受启发，在“江南派”画法的基础上，参用吸收西画的表现手法，创立了具有立体感的“凹凸派”画法，也称“波臣派”。所画人像更具有立体感，再度发展了中国肖像画的笔墨技法。西画法的“凹凸”是“向明一边者白”、“不向明一边者暗”，反映的是光线的走向、强弱变化以及阴影的投射，而中国的凹凸画法并不考虑外界的光源影响，只依照面部固有结构关系在线描的基础上做晕染，并不表现“阴阳明晦之间”的光线变化。因此二者在观察角度和表现方法上有着本质的区别。另外东西方人种在样貌上也存在巨大差异。亚洲人种相较于欧洲人种，面部结构更平缓，骨骼不突显，有一种肉多于骨的感觉。而欧洲人脸型相对瘦削，鼻骨突出，眼眶深邃，光线照在面部会形成大片阴影。两者从视觉上给人的直观感受是截然不同的。

清　闵贞　巴慰祖像轴（局部）
纸本设色　纵 103.5 厘米　横 31.6 厘米
故宫博物院藏
画面中人物巴慰祖约五十岁年纪，画家用写实画法，精细逼真。人物面部吸取“波臣派”画法，细笔勾勒，淡色晕染，深色画阴影，凹凸感显而易见。衣纹用笔细劲，转折略有顿挫，敷色讲究，画面古朴典雅，注重形式与内容统一的整体感。
闵贞（1730-？年），字正斋，江西南昌人。除画肖像，亦擅仕女和山水，其肖像画在当地和京师都很有名。

清　禹之鼎　纳兰容若像轴（局部）
纸本设色　纵 59.5 厘米　横 36.4 厘米
故宫博物院藏

此图绘纳兰性德肖像。图中纳兰性德端坐于榻上，身着侍卫官服，圆脸髭须，应是其中进士后任职朝廷期间的形象。人物神态悠然，一手持白玉盏，一手作捻须状。面前几案上置瓷瓶、铜觚之属，所绘为典型的文人博古情节。这种以景衬人的手法在古代肖像画中比较常见。此图以淡墨细晕人物的五官，使明暗凹凸之感得以体现，然后再以脂赭色涂染，以显出红润的皮肤色泽。墨与色有机结合，生动地表现出纳兰性德少年得志的儒雅风采。此图大致创作时间当在康熙二十年至二十四年间（1681-1685 年），正是禹之鼎画艺成熟时期。

禹之鼎（1647-1716 年），字尚吉，号慎斋，江都（今江苏扬州）人。清康熙二十年官鸿胪寺序班，以画供奉入畅春园。善画人物、山水，尤精写真。初师蓝瑛，兼学宋元诸家。肖像画面貌多样，对白描法、墨骨法、江南法都有研究，所绘人物形神兼备，独具一格，一时名公小像多出其手，其肖像画在清代中期有“当代第一”之誉。

清　禹之鼎　王士禛放鹇图卷（局部）
纸本设色　纵 26.1 厘米　横 110.7 厘米
故宫博物院藏

此图作于清康熙三十九年（1700 年），禹氏时年五十四岁。表现的是清代著名文人王士禛因久客京师思念故里而放鹇出笼的故事情节。画面情景交融，将王氏诗中的内容和诗中所含的意蕴通过绘画充分地表现出来，诗情画意，极富感染力。此图肖像刻画得逼真生动，与存世王士禛其他肖像相较几无二致，但神情磊落、气度洒脱的神韵则有他图所不能者，表现出禹之鼎绘画艺术成熟期的典型风格。

清　徐璋　石星源像卷（局部）
纸本设色　纵 42 厘米　横 58.5 厘米
故宫博物院藏
本幅无款识，据卷后李世倬题语知此图是徐璋为石星源六十岁生日而作，作于“乙亥”年夏四月，即清乾隆二十年（1755 年）。图中人物置身于湖光山色间，环境自然清雅，又有古琴一张，恰当地表现出人物的品格特征。人物面部刻画精细，衣纹用笔简练，颇具表现力。
徐璋（1694-？年），乾隆二十年尚在，字瑶圃，一作瑶园，娄县（今江苏松江）人。擅画人物、山水、花鸟，皆精妙而入能品，尤工写真，师从曾鲸弟子沈韶，为“波臣派”再传弟子中的佼佼者。首创用生宣纸作人物肖像。乾隆十四年（1749 年），由苏州织造图拉推荐进入宫廷画院供职，仅一月余即离去。

清代康乾年间，郎世宁、艾启蒙、王致诚等传教士画家纷纷供职宫廷，他们在欧洲接受过系统的西方绘画训练，创作了一批以西洋绘画技法为基础，同时兼顾中国人欣赏习惯的清代宫廷肖像画，风格独特。他们高超的西画写实能力得到了极大程度的发挥，皇帝、后妃、亲王、名臣以及侍卫太监等，都通过他们的画笔留下了形貌。其中以郎世宁留下的作品数量最多，技法尤为娴熟。郎世宁的笔法细腻柔和，人物面部有意减弱明暗对比，光洁明亮，又有丰富的立体感，气质传神。这种肖像风格是郎世宁在皇帝的旨意下，为兼顾中国人的欣赏习惯而创造出来的。在《乾隆皇帝戎装像》、《果亲王像》以及《孝贤皇后像》、《慧贤皇贵妃像》等一系列画像上，都可以清楚地辨认出这种画风。由于制度关系，清代帝王后妃的正式画像上是不署画师姓名的，因此一些画像只能根据绘画技巧和风格，对比其他有款署的作品如行乐图等，判断其出自郎世宁的手笔。另外还有很多肖像画和人物画是与中国画家合作完成，多数是由郎世宁画人物，中国画家补景，有的甚至只有人物脸部是郎世宁所画，其他身体部分都是中国画家来描绘。根据诸多档案记载，这种合作往往都有皇帝明确的旨意。这也说明，郎世宁等人在宫廷的绘画创作是受到极大限制的，其画风中体现出的折衷态度就是一种聪明而无奈的选择。

清　金廷标　仕女簪花图轴（局部）
绢本设色　纵223厘米　横130.5厘米
故宫博物院藏
此图表现的是宫廷女子日常生活的景象。人物举止自然，娇柔典雅，体现出清代仕女画的时代特征。金廷标（生卒年不详），字士揆，乌程（今浙江湖州）人，少从父学。乾隆二十五年（1760年）弘历南巡，他献画称旨，入了清宫，以作画供奉内廷。

清人绘
雍正帝半身洋装像屏（局部）
纸本设色
纵 52.3 厘米　横 43 厘米
故宫博物院藏

本图中的雍正皇帝一副十八世纪欧洲贵族的打扮，头戴路易十四式的卷曲假发，衣着也是西洋样式，这样的造型在清代帝王肖像中绝无仅有。本幅作品人物面部用色渲染，衣纹也有晕染处理，但层次关系不明显，是中国的凹凸式表现。

清人绘　采芝图轴（局部）
纸本水墨
纵 204 厘米　横 131 厘米
故宫博物院藏

图为弘历青年时期，约在二十三、二十四岁时的画像。人物以白描法造型，加淡墨晕染，面部刻画如素描般极富立体感，结构准确，清晰自然。

清人绘　乾隆帝写字像轴（局部）
绢本设色
纵 100.2 厘米　横 95.7 厘米
故宫博物院藏

图中乾隆皇帝身着汉服，置身书房之内。人物面部完全为西洋技法表现，以色塑形，淡化线条的勾描，注重解剖结构和立体感。

清人绘
乾隆帝妃与嘉庆帝幼年像轴（局部）
绢本设色
纵 326.5 厘米　横 186 厘米
故宫博物院藏

此图描绘的是乾隆皇帝的第十五子颙琰的孩提时代，那位贵妇可能是他的母亲令贵妃魏佳氏，后尊为孝仪皇后。此图的人物肖像部分具有鲜明的西洋画法特征，或为郎世宁晚年所绘。

西方肖像画的创作则有着悠久的历史，国王、贵族等都通过画像使自己的形象流传于世，延续他们的地位和尊严。西方肖像画的特点可以归纳为三点：第一，体现人物的性格特征；第二，体现画家的情感；第三，真实的再现手法。十五世纪，肖像画被确立为西方的一种绘画类型。达·芬奇的《蒙娜丽莎》，以卓越的艺术手法，生动地表现了人物微妙的心理活动，成为肖像画经典中的经典。肖像画的全盛期是在十五世纪以后，著名的肖像画家有意大利的达·芬奇、提香、卡拉瓦乔，德国的丢勒，西班牙的委拉斯凯兹，荷兰的伦勃朗、哈尔斯、维米尔等人。在这里我们选取了欧洲十五世纪至十八世纪间的几幅颇具代表性的肖像画作品，其风格各具特色，写实精神与传神之处却皆动人心魄。相顾而言，以郎世宁为代表的清宫传教士画家虽然在创作上放弃了强烈的明暗对比，以正面光源弱化面部的阴影，构图四平八稳，为迎合东方人的审美做出了努力，但丝毫未掩盖他们谙熟的西方绘画的传统技巧。自幼的素描训练、观察方法以及空间表现力，才是他们绘画的基础，是他们带给清代皇帝的惊喜，也是他们为清代宫廷绘画留下的神奇一笔。(聂卉)

亚森特·里戈
路易十四肖像
1701 年
纵 277 厘米　横 194 厘米
法国巴黎卢浮宫藏

路易十四是法国封建君主制鼎盛时期的君王，又称“太阳王”。在这幅肖像中他摆出不可一世的至高无上的架势。画家以极高明的写实造型技巧，细致地描绘了国王的相貌和风范。画家运用细腻的笔触和色彩精心地刻画了象征权威的高贵服饰、

权杖和佩剑以及周围环境，几乎把行将结束的十七世纪全部排场和典型风格都表现出来了。

亚森特·里戈（1659–1743年），十八世纪法国最著名的肖像画家。里戈的肖像画代表着一种巴洛克式风格。他讲究肖像的装饰性，寻求表面的观赏效果。这也是此时期法国宫廷画家不可或缺的艺术目标。

委拉斯凯兹　宫娥（局部）
1654年　纵318厘米　横276厘米
西班牙马德里普拉多博物馆藏
委拉斯凯兹1656年所作，是一幅有着风俗性特色的宫廷生活画。在宁静的宫廷中，委拉斯凯兹正在为国王夫妇画像。小公主的突然到来，引起了人们的一阵忙乱。画面中从门及侧面窗子射进来的自然光运用得很出色，均匀地散布在室内的每一个角落。

委拉斯凯兹　教皇英诺森十世肖像
1650 年　纵 140 厘米　横 120 厘米
现藏意大利罗马利来·庞斐利画廊
十七世纪西班牙伟大的写实主义画家，出身塞维利亚的富裕家庭，得到西班牙国王菲利普四世的赏识，成为宫廷的御用画家。他的画作具有强烈的真实感，在画家的故乡塞维利亚现在还能看到一座委拉斯凯兹雕像，基座上刻着：纪念真实的画家。

庚子長至月寫

谁识当年真面貌

藏于清宫纪实绘画中的秘密

“宫中行乐”是清代宫廷绘画的一个重要题材，反映了帝王在宫廷中除了日常政务以外的活动。此类题材作品无一不在帝王的意指下创作，重在对人物与环境两大要素的刻画与渲染上。其内容或表现皇帝的精神生活、节令乘兴，或关注皇室的文体娱乐、四时游赏。这些作品忠实、直观地展现帝王的宫廷生活，是他们在宫中活动的剪影。画中笔触反映了特定时期的历史背景、典章制度、建筑环境，甚至是人物关系，这些内容在一般的文字史料中是难以得到具象的体现的。所以，对于“宫中行乐”题材作品的关注，有助于我们以图像的视角对宫廷历史产生新的认识，这一点亦与现代图像学所诠释的科学主旨有着内在的指导关系。

故宫博物院保存了相当数量的反映清帝宫中行乐题材的绘画作品，其中尤以乾隆时代最具代表。像人们熟知的几种《岁朝行乐图》、《弘历观孔雀开屏图》、《弘历观荷抚琴图》、几种《弘历写字像》等名作，早已成为了世人心中乾隆帝的标准形象而传扬海内。以上画面中的乾隆帝无一例外地汉装、红履，表现了他一身精研的文化修养、自信又恬适的精神风貌，一代传奇天子在画卷中得到了“永生”。当然，这要归功于传教士画家们精心地“写真”，才有了今天我们在不同时期、不同作者的不同作品中，很容易得到一张大致近似，又充分体现了岁月变迁的乾隆皇帝的面孔。

与人物同时，我们还应对行乐图中所表现的宫廷环境予以足够重视。以乾隆时代宫中行乐图为例，除去一些确属画家艺术创造的宫廷环境之外，我们发现，北京的圆明园与承德的避暑山庄这两座清帝驻跸时间最长的宫苑在清宫绘画作品中均不止一次地留下了写实的场景描绘。与一般表现两座宫苑环境的写景图不同的是，行乐图中的圆明园与避暑山庄因为有了皇帝的参与而更显生动，给人一种真实的生活起居的体验，别有一番味道。同时，对于画中宫廷环境变迁的研究在今天合理保护、利用建筑遗址的层面上亦具有现实意义。

下面，笔者就上文所述行乐图中的人物与环境要素，以现存若干乾隆帝行乐图为据，一人物，一建筑，各开一题，为读者开解行乐图中的秘密，剖析一些图中本没有点明但却足堪破解的信息。

一 被“抹去”的皇后

在乾隆帝漫长的一生中，曾经有过四十一位有名号的后妃，其中皇后三人，分别是孝贤皇后富察氏、继后乌拉那拉氏（先立后废）、孝仪皇后魏佳氏（追赠）。这三人生前的人生际遇各不相同，死后地位亦有着天壤之别。富察氏与乌拉那拉氏是在潜邸时即陪伴在弘历身边的女人，前者是少年弘历的嫡福晋，后者亦是对弘历服侍有年的侧福晋，而魏佳氏则是乾隆六十年

（1795 年）其子永琰被宣示为皇太子后而追赠为皇后的。乾隆帝于此三人，有着异常跌宕起伏的情感经历，其中最为后人称说的恐怕不过两条，一是关于其与富察氏伉俪情深的真挚感情，被传为一段帝王爱情的佳话；另一则就是乌拉那拉氏“断发皇后”的悲惨境遇，令后人闻之唏嘘不已。对于后者，我们在保存至今的几幅清宫行乐图上发现了值得关注的痕迹。

如题，被“抹去”的皇后，即曾经被“写真”于卷中，后被无情地“抹去”，以至于今人在现存任何一幅乾隆时代的绘画作品中都无缘目睹乌拉那拉氏的真容。但通过分析，她的“身影”还是被我们“捕捉”到了，至少是她的“身影”。

《塞宴四事图》轴（图见本书 56 页）是故宫博物院现存乾隆帝木兰秋狝主题的大型纪实性作品之一。其表现内容为乾隆二十五年九月初九日（1760 年 10 月 17 日），乾隆帝于木兰行围途中举行的一次盛大宴会和席间一系列诈马、什榜、相扑、教駣活动。这一天，在围场安巴究和罗昂阿大营，乾隆帝先是侍皇太后进早膳，然后引随围的蒙古、回部诸王公“幕设崇岗”而同举塞宴四事。这次宴会既是往年行围的例行野宴，又为了款待旧投新附的少数民族首领而故意的踵事增华。这一年春二月，乾隆帝迎劳兆惠将军于京郊良乡，历时五年，三次征伐的准噶尔、回部叛乱始告平定。重九日的野宴上，席间除了先前于十九年（1754 年）归附的杜尔伯特亲王策凌乌巴什及其他厄鲁特蒙古上层以外，还有首次列宴的回部郡王霍集斯及诸伯克人等。因这场特殊的宴会是宣扬西师武功的重要活动，故而乾隆帝命内廷画画人对此详加描绘，并最终张挂于避暑山庄云山胜地楼二层的东壁上，一如业已贴壁于卷阿胜境殿东西壁间的《万树园赐宴图》、《马术图》两幅大型纪实作品，作为永久的武功纪念而留存宫中。

仔细观察此卷，我们把目光集中在画面左侧中间偏下的位

承德避暑山庄云山胜地楼外景
此处的二层东壁曾张挂《塞宴四事图》轴。

置，帷帐前后站立着两丛衣着光鲜，行止款款的宫中女子，近处七人，远处三人，其中尤以近处七人最为显眼。七人中前排被簇拥者身着明黄色吉服，站在她右侧的二人与后排左侧一人身着金黄色（或杏黄色）吉服，这四人前额的头饰也表明了她们的同一族属。清制，明黄色吉服为皇贵妃以上服用，金黄色吉服为贵妃、妃服用，颜色的不同体现着等级的差异，再综合

塞宴四事图轴中存疑的宫中女子像（局部）
仔细观察，画中女子的面部确有涂改痕迹。

清康熙　明黄色八团云龙寿字妆花缎女吉服袍
故宫博物院藏
塞宴四事图轴所绘宫中女子中前排左一女子所穿衣物与此件最为接近。

清乾隆　杏黄色纱缀八团云龙女吉服袍
故宫博物院藏
塞宴四事图轴所绘宫中女子中除左一女子外，其他女子所穿衣物与此件极为相似。

考虑此卷的成图时间：乾隆二十五年九月初九日以后的某一天，我们不难判断出前排这位被簇拥者当是此时乾隆帝的“继后乌拉那拉氏”，旁边搀扶者似为后宫主位中排第二位的“令贵妃”（即魏佳氏，她于二十四年十一月晋封贵妃）。其余三人中，左右二者分别扎着两缕长辫，衣着发饰与《威弧获鹿图》卷中为乾隆帝递矢的维吾尔族女子一致。中间着红衣者，头戴维吾尔毡帽，虽然同为回装，但其形象与左右二人明显不同，此人似为本年二月新近入宫的和卓氏。关于此人，维吾尔族学者艾哈迈特·霍加据满文档案考证为小和卓霍集占“离弃”之妻，名“batma”，

《威弧获鹿图》卷中为乾隆帝递矢的维吾尔族女子（局部）

即后来乾隆帝的容妃，她的图中年龄也与其 26 岁入宫的判断（据容妃卒年倒推）相一致。站在她身边的二人可能是乾隆二十五年年初与她一同迁居京城的和卓氏族人。

我们再把目光投向那位被簇拥的“继后乌拉那拉氏”。观者不难发现，对其余六人面部的描绘手法均为解剖得宜、表情丰满的标准“西法”；而被簇拥者的面部却以浅淡的“中法”描绘，不显生气。又，被考证为“令贵妃”与站在她左侧女子的眉处为何均出现了重大变更？且最右侧回装女子的整个头像被完全涂抹修改掉了。

以上，我们是否可以先结合宫廷历史，做一大胆地分析：成图于乾隆二十五年九月初九日以后某一时间的《塞宴四事图》轴，被张挂在避暑山庄云山胜地楼上。时间到了乾隆三十年（1765 年）二月，乌拉那拉氏于圣驾南巡驻跸杭州期间因为不可获知的原因而“举动尤乖正理，迹类疯迷”，以至于冒满洲风俗之大不韪而自行断发，被先期送京“调摄”，不幸于一年后崩世，乾隆帝与继后的感情亦终结于此时。二人之间到底发生了什么，使得三十多年的夫妻名分一朝飞灰？乾隆时代的坊间即有传闻，说皇帝南巡时欲立某女为妃，继后谏止，遂有断发之举；今人又有当时欲晋魏佳氏为皇贵妃之议，皇贵妃在皇后之下，位在九四，乃逼宫之位，继后断发实起于争风吃醋……众说竞下，莫衷一是。但是我们至少可以做出如下判读：《塞宴四事图》轴

杭州丁家山蕉石鸣琴，在这里，乌拉那拉氏的名字最后一次出现在侍驾者的名单中。

中对“御容”的修改，一定是在得到乾隆帝的意指后，画画人才敢于着笔。首先将用“西法”描绘的乌拉那拉氏真容全行“抹去”，然后进行增补修添，而增饰后的面孔只能是令皇贵妃（令贵妃在继后回京“调摄”两月后，晋封为皇贵妃）。或因事关第一家庭的隐讳，传教士画画人不便参与其事；或因本来是以“西法”改绘完成，却因乾隆帝的内心变化而出现了反复修改图中人物的情况（一如前述），总之，我们无缘一览这位命运多舛的乾隆继后的真容，这也是笔者在前文为“继后乌拉那拉氏”、“令贵妃”加注引号的原因所在。

清　金廷标　弘历宫中行乐图帖落
纵 168 厘米　横 320 厘米　故宫博物院藏

历史研究往往说有易，证无难，仅凭一幅《塞宴四事图》轴的孤证，上述文字显得苍白无力。我们不妨再举两例，来丰富“抹去”一说的论据。

寻绎着上述思路，又一幅乾隆行乐题材的大型贴落进入了笔者视线。

《弘历宫中行乐图》帖落，故宫博物院所藏，金廷标绘。画面上的乾隆帝凭栏卧于涧阁中，正注视着栈桥上款款而至的女子。除了右侧隐藏在山石后的两位侍女外，妃嫔一共三位，左侧两位顾盼、引领着右侧一位，太监或执扇，或端匣，或抱琴，跟随三主位身后……从图上题诗可知，此图至迟绘于乾隆二十八年（1763年），此时正是继后乌拉那拉氏于后宫如日中天之时，画面表现内容自当是乾隆帝与其后妃行乐林泉的场景。画中被顾盼、引领的人，结合宫廷历史，判断为“继后乌拉那拉氏”是合情合理的。但遗憾的是，此卷中间最为生动的反映五位后妃、侍女徐徐前行的画面被整体裁补过了。无论是乾隆帝还是众宫监，就连驯鹿的形象在原图中都保留了“西法”的描绘手法，而替换过的五位女子却无一例外地以“中法”描绘，画面上栈桥、山石、油松等处生硬的接笔暴露无遗。此幅当是“抹去”说的又一力证。

再联想到现藏美国克利夫兰博物馆中那套描绘乾隆帝与十二位后妃的著名的《心写治平图》卷，其创作时间上起乾隆

清　金廷标　弘历宫中行乐图帖落（局部）

清　金廷标　弘历宫中行乐图帖落（局部）

清　金廷标　弘历宫中行乐图帖落（局部）

《心写治平图》卷

《心写治平图》卷
（令妃吉服像）

《心写治平图》卷
（慧贤皇贵妃吉服像）

《心写治平图》卷
（孝贤皇后吉服像）

元年（1736 年），下至乾隆四十一年（1776 年），跨越了乌拉那拉氏人生起伏的全部 30 年，而本应在卷中位列后妃第三位的她却没有出现在慧贤皇贵妃（卷中后妃第二位）之后。我们面对着卷上明显的裁切痕迹，再回思《塞宴四事图》卷和《弘历宫中行乐图》帖落，问题的实质也就不言自明了吧。

《心写治平图》卷（弘历吉服像）

二　再现圆明园的《弘历御园行乐图》

以现有资料看，涉及圆明园的院本作品只有五种明确指出其所绘内容为圆明园。有《圆明园四十景图咏》、《御制圆明园图咏》、《御制圆明园四十景诗》、《长春园铜版图》、《蓬壶春永》，除此以外的作品均未注明所绘何处。对未注明者，可借五种已知作品及其他宫廷绘画并清宫样式房建筑图样等资料，对画面内容做出分析判断。现以《弘历御园行乐图》为例，做一初步考证，分析其是否为忠实描绘圆明园场景的写实创作。

《弘历御园行乐图》(下称《行乐图》)现藏故宫博物院，纵119.1cm，横213.5cm，绢本设色。款署“臣张廷彦恭绘”，钤“臣张廷彦印”方章。背附黄签，上书“嘉庆六年二月，怡情书史东次间墙上换下御容画一张，高四尺，宽七尺”字样。从签题得知，这是一幅张裱在圆明园九州清晏怡情书史殿东次间墙壁上反映清帝园居生活的装修贴落。或因其与清宫现存其他贴落相比，开幅较小，在装潢形式上也可能为一通景挂屏。

该图在绘法上属于工笔界画的范畴，进深层次分明，建筑比例得当，细节描绘精准。那么，这幅作品表现的场景是否是某一处皇家园林的真实环境？亦或如几种《岁朝行乐图》等作品表现的非写实环境一样，画中建筑仅是人物的衬托？

仔细观察发现，《行乐图》与几种《岁朝行乐图》、《弘历观孔雀开屏图》等非写实环境作品的明显不同处，在处理皇帝形

弘历雪景行乐图
故宫博物院藏

清　张廷彦　弘历御园行乐图轴
绢本设色　纵 119.1 厘米　横 213.5 厘米　故宫博物院藏

弘历观孔雀开屏图　故宫博物院藏

象与建筑环境的平衡上。《行乐图》中的皇帝形象并不是画面的中心，画中弘历着绛色汉装，倚案坐檐下，在颜色上与周围窗楹、树石没有明显差别，几乎隐藏在画幅中。作者在处理皇帝形象与建筑环境的平衡上明显倾向于后者。反观同是大型建筑贴落，曾张裱在圆明园双鹤斋中的《弘历观孔雀开屏图》，画中弘历衣着鲜艳，光彩夺目，在位置与颜色上明显统制全图，几种《岁朝行乐图》亦如此，皇帝形象与建筑环境的平衡上倾向于前者。明乎此，对于《行乐图》，我们是否可以做一有待检验的猜测：当作者着意建筑环境时，建筑写实的可能性就大；着意突出皇帝形象时，建筑写实的可能性就小。

带着假定建筑写实的猜测，适宜采用排除法确定建筑位置。第一，既然是御容行乐图，那么画中场景必定离不开皇帝经常出入的范畴，紫禁城、三海、西郊园林、避暑山庄等，都符合条件；第二，画中建筑全部布瓦覆顶，或硬山、或悬山、或歇山、或抱厦，形式多样，等级参差，除建筑外，山石、花木、水道、驳岸等园林骨架齐备，为明显的园林特征，故可排除紫禁城，三海、西郊园林、避暑山庄具备条件；第三，园林建筑密度大，又是临水，且出现了歇山带抱厦这

一等级较高的单体建筑。种种条件下，可初步判断画中场景为清帝最重要的生活区域——圆明园九州清晏。

以《圆明园四十景图咏·九州清晏》对照《行乐图》，前者西路北侧内容与后者较为接近。二者画面中的园林建筑均临水而建，共同拥有一座歇山顶临水敞轩，游廊的布置也大体一致。但二者有一处明显不同，《行乐图》右侧二层七间带平台楼阁，在《图咏》中没有反映。至此，判定《行乐图》即九州清晏，似乎尚属草率。但是需要指出的是，我们依据的《圆明园四十景图咏》，是圆明园乾隆九年时的写景图，反映的是少女时代的圆明园风貌。九州清晏作为清帝最重要的朝寝区域，根据需要而进行的拆改修添是司空见惯的，乾隆、嘉庆、道光

清人绘　圆明园四十景图咏之九州清晏
法国巴黎国家图书馆藏

弘历御园行乐图轴（局部）

三朝均曾对其有过大规模改建活动。那座突兀的二层七间带平台楼阁，究竟是哪里？所以，只能凭借清代皇家园林的设计施工单位——清宫样式房遗留下来的最直接反映不同时期圆明园建筑布局的图样来对比还原，才可能找到证据。于是，果然有了重大突破。

画中乾隆皇帝落坐的位置就是怡情书史殿的东次间廊下。

中国国家图书馆藏清宫样式房图第 011–0001 号，是一幅反映道光十年（1830 年）九州清晏西路颠覆性变化前的工程准底。图上怡情书史殿位于圆明园九州清晏西路的第三进院，南与乐安和殿相对，殿北有鱼池，左右回廊婉转，与九州清晏殿、清晖阁相通。对比之下，样式房图档展示的平面布局与《行乐图》

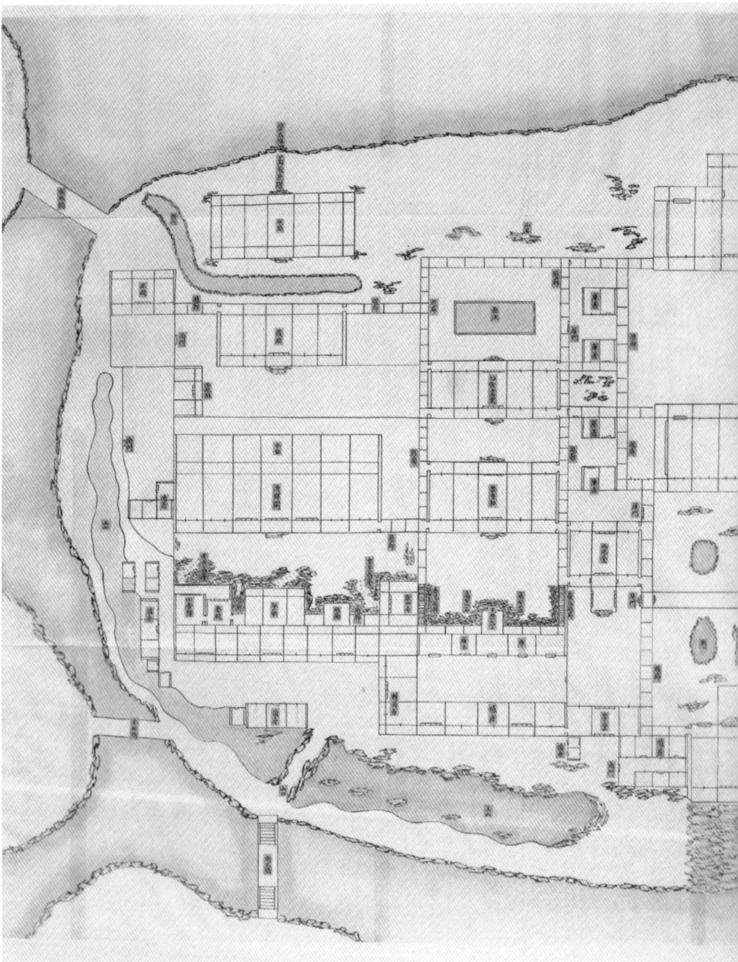

清宫样式房图第 011-0001 号　中国国家图书馆藏

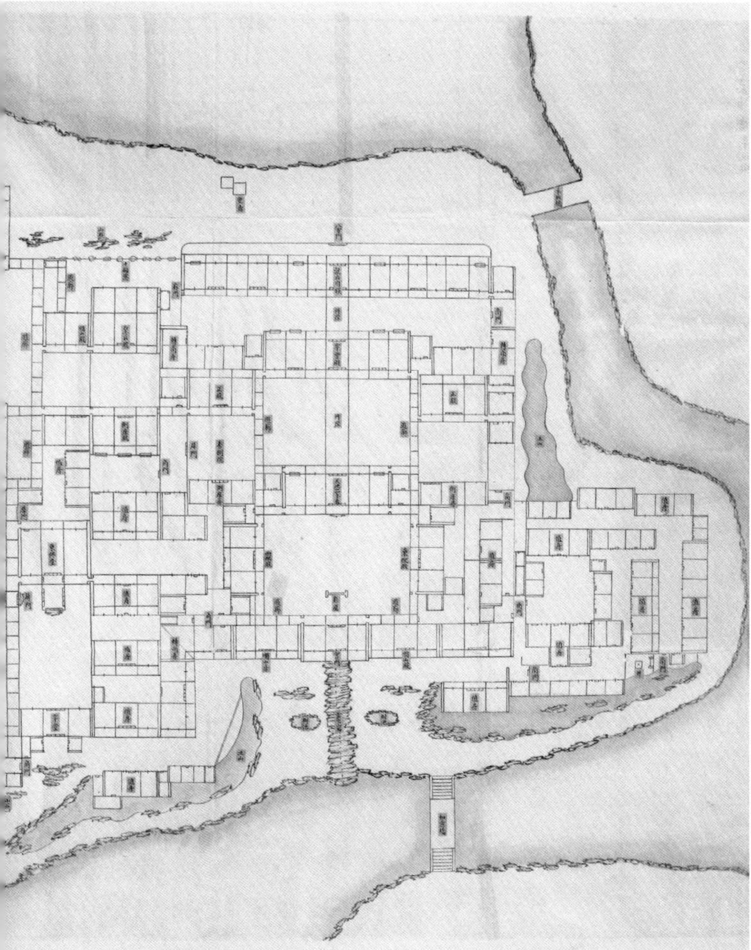

中描绘的场景完全吻合，画面中出现的所有单体建筑在样式房图里可以一一定位。尤其是《圆明园四十景图咏》中不见的二层七间带平台楼阁在样式房图上被明确标注为“清晖阁”，并且“平台”字样赫然在目，此即张挂圆明园《大观图》的清晖阁无疑。清晖阁在乾隆九年（1744年）尚是一座单层建筑，乾隆二十八年（1763年）不戒于火后，于三十年（1765年）恢复，并增饰为二层，有“清晖阁四景”之设。另，临水的五间鸢飞鱼跃敞轩，样式房图中的平面形象在《行乐图》上得到了立体化的还原，轩前半绕的水道在样式房图中亦有一致的反映。这些都是判定《行乐图》即九州清晏的明显证据。前文疑问，得以开解。

通过对比不难发现，《行乐图》表现的场景方向是上南下北，画中主要建筑物自左（东）至右（西）依次是：九州清晏殿，怡情书史殿，清晖阁，后殿，鸢飞鱼跃敞轩。画面左侧中间，貌似中年的乾隆帝，着汉装倚坐在怡情书史殿北侧廊下，注视着身前的一方鱼池，两位侍从或执拂尘，或捧书册，伴随左右。值得一提的是，乾隆皇帝落坐的位置恰恰就是怡情书史殿的东次间廊下，图后黄签告诉我们，这幅贴落当时就裱糊在画面中乾隆帝身后的墙壁上，一窗内外，亦真亦幻，妙趣横生。从图中乾隆帝的大致年龄、清晖阁成楼以及张廷彦供职内廷的时间分析，《行乐图》应创作于乾隆三十年后不久的某一时间，有待进一步的考证。（王志伟）

故宫博物院藏
两幅道光子女画像小考

一 《荷亭晚钓图》

《荷亭晚钓图》是故宫博物院藏清代中晚期的宫廷纪实绘画，纵 96.5 厘米，横 60.5 厘米，其文物名称为“清人画大公主大阿哥荷亭晚钓图轴”（下文简称为《荷亭晚钓图》），描绘了阿哥、公主在荷花盛开的池塘内钓鱼的场景。画中池塘内荷花盛开，塘边亭内阿哥和公主在钓鱼玩耍。阿哥身穿蓝色暗花长褂，腰上系着镶翠的腰带，挂着做工精致的扇袋等，右手执鱼竿在荷塘内钓鱼，左手牵着公主。公主左手执纨扇，头上插着鲜花，右手上戴着金镯，与阿哥一同关注着鱼竿的动向。从画中荷花盛开，公主手执纨扇可以判断此图描绘的应为夏季时的场景。

二 《庭院游戏图》

《庭院游戏图》为《荷亭晚钓图》的姊妹篇，亦藏于故宫博物院，纵 113 厘米，横 53.5 厘米，文物名称为“清人画大公主大阿哥庭院游戏图轴”（下文简称为《庭院游戏图》），描绘了阿哥、公主在庭院内玩爆竹的场景。画中庭院内玉兰、海棠、兰花盛开，阿哥头戴小帽，身穿蓝色暗花长褂，腰系黄色腰带，挂着做工精致的怀表、香囊等，右手执燃香小心翼翼地在点爆竹。公主左手执太平鼓，右手执击鼓小锤，头戴头饰，双耳戴耳环，目不转睛地看着爆竹。从画中植物的花期以及阿哥、公主玩爆竹、平安鼓等活动可以推断此画描绘的应为早春正月时的场景。

清人绘 大公主大阿哥荷亭晚钓图轴 故宫博物院藏

清人绘
大公主大阿哥庭院游戏图轴
故宫博物院藏

三 《荷亭晚钓图》与《庭院游戏图》人物身份存疑

由于两幅画上均没有款署与时间,仅通过名称中“大公主”、“大阿哥”的称呼难以确定画中人物的身份,故这两幅图中的人物身份存疑。且《荷亭晚钓图》中所绘的大公主、大阿哥与《庭院游戏图》中所绘的大公主、大阿哥是否为相同的人物也难以确定。

清代历史上诸位皇帝的子女中大阿哥与大公主同时存在且存活至与画中年纪相仿的只有道光帝的长子、长女以及咸丰帝的长子与长女。过往的研究普遍认为图中的主人公大阿哥与大公主是咸丰帝的一对子女,即幼年时的同治帝(载淳,咸丰帝长子)与荣安固伦公主(咸丰帝长女),以往的出版物也多沿袭此说法。而通过对档案的研究,可以发现这一说法实为误传。

四 《陈设档》中的《隐志郡王大公主喜容》与《隐志郡王荷亭晚钓图》

据道光十五年(1835年)七月十一日立《坤宁宫东暖阁陈设档案》(此档案记载了道光十五年至同治六年坤宁宫东暖阁的陈设)记载:

咸丰五年二月二十四日,小太监如意交隐志郡王、大公主喜容一轴,隐志郡王荷亭晚钓图一轴。

清人绘　咸丰皇帝吉服作画像轴　故宫博物院藏

清人绘　载淳游艺怡情图轴　故宫博物院藏

此后这两幅图一直保存在坤宁宫东暖阁，光绪二年（1876年）《坤宁宫东暖阁现设档案》、宣统二年（1910年）《坤宁宫东暖阁现设档》均有著录，直至清室善后委员会清点故宫物品时依然保存在此，《故宫物品点查报告》坤宁宫部分记载：

四一四：荷亭晚钓图两轴（无款，带一木盒，上有“大公主大阿哥喜容一轴”字样）。

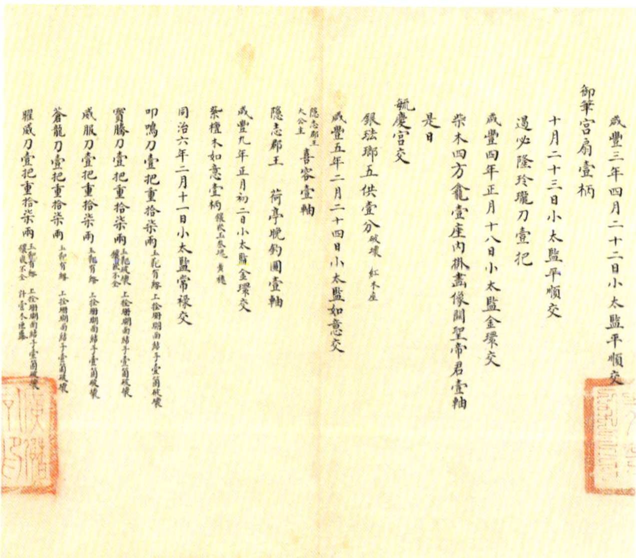
咸豐三年四月二十二日小太監平順交
御筆宮扇壹柄
十月二十三日小太監平順交
遏必隆玲瓏刀壹把
咸豐四年正月十八日小太監金環交
柴木四方龕壹座內掛畫像關聖帝君壹軸
是日
毓慶宮交
銀琺瑯五供壹分 破壞 紅木座
咸豐五年二月二十四日小太監如意交
隱志郡王 大公主 喜容壹軸
隱志郡王 荷亭晚釣圖壹軸
咸豐九年正月初二日小太監金環交
紫檀木如意壹柄
同治六年二月十一日小太監常祿交
叩鳴刀壹把重拾柒兩
寶騰刀壹把重拾柒兩
威服刀壹把重拾柒兩
蒼龍刀壹把重拾柒兩
耀威刀壹把重拾柒兩

道光十五年七月十一日立《坤宁宫东暖阁陈设档案》对这两幅画的记载

在故宫博物院的文物登记账目上，凡清宫旧藏的文物，除了“故”字的编号外，还有一个对应的参考号。参考号是在1924年溥仪出宫后，清室善后委员会组织点查小组对清宫遗留物品进行清点的登记号码。清点工作以宫殿为单元，采用千字文进行编号，一字对应一座宫殿，以汉字“一”开始编号，依次顺延，最后将登记物品制成账册，编为《故宫物品点查报告》。

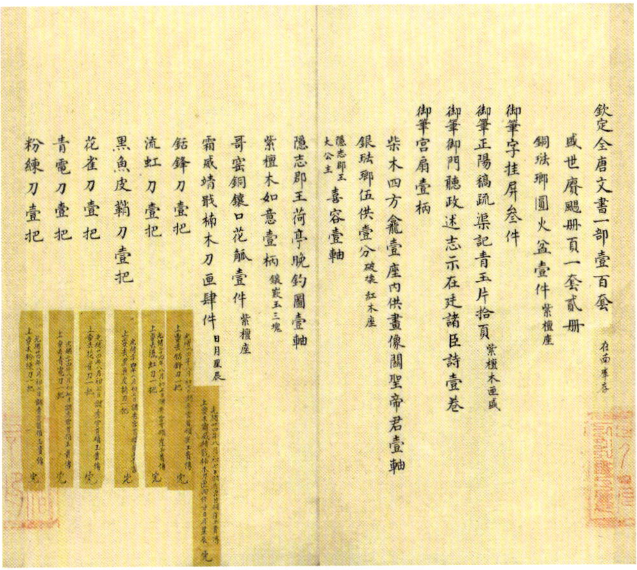

欽定全唐文書一部壹百套
盛世賡颺册頁一套貳册
銅琺瑯圓火盆壹件 紫檀座
御筆字挂屏叁件
御筆正陽橋疏渠記青玉片拾頁 紫檀木匣盛
御筆御門聽政述志示在廷諸臣詩壹卷
御筆宫扇壹柄
柴木四方龕壹座内供畫像關聖帝君壹軸
銀琺瑯伍供壹分 破壊 紅木座
隱志郡王 大公主 喜容壹軸
隱志郡王荷亭晚釣圖壹軸
紫檀木如意壹柄 鑲嵌玉三塊
哥窑銅鑲口花瓶壹件 紫檀座
霜威靖戰椾木刀匣肆件 日月星辰
銛鋒刀壹把
流虹刀壹把
黑魚皮鞘刀壹把
花雀刀壹把
青電刀壹把
粉練刀壹把

光绪二年三月初四日立《坤宁宫东暖阁现设档案》对这两幅画的记载

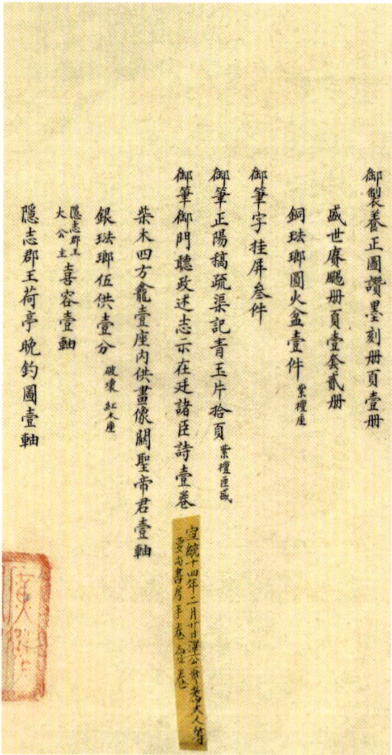

御製養正圖讚墨刻册頁壹册
盛世賡颺册頁壹套貳册
銅琺瑯圓火盆壹件 紫檀座
御筆字挂屏叁件
御筆正陽橋疏渠記青玉片拾頁 紫檀匣盛
御筆御門聽政述志示在廷諸臣詩壹卷
宣統十四年二月廿日溥公帶去大人等要尚書房手卷壹卷
柴木四方龕壹座内供畫像關聖帝君壹軸
銀琺瑯伍供壹分 破壞 紅木座
隱志郡王大公主喜容壹軸
隱志郡王荷亭晚釣圖壹軸

宣统二年八月二十四日立《坤宁宫东暖阁现设档》对这两幅画的记载

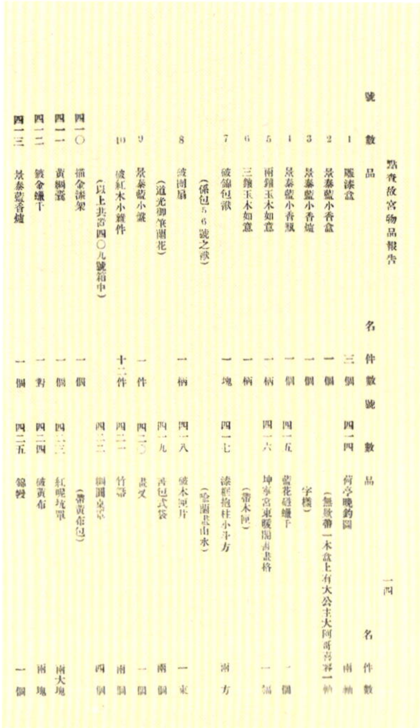

點查故宮物品報告 一四

號數	品名	件數	號數	品名	件數
1	雕漆盒	三個	四一四	荷亭晚釣圖	兩軸
2	景泰藍小香盒	一個		(無款帶一木盒上有大公主大阿哥喜容一軸	
3	景泰藍小香爐	一個		字橫)	
4	景泰藍小香瓶	一個	四一五	藍花磁罐子	一個
5	兩鑲玉木如意	一柄	四一六	坤寧宮東暖閣書畫格	一幅
6	三鑲玉木如意	一柄		(帶木匣)	
7	破錦包袱	一塊	四一七	漆框抱柱小斗方	兩方
	(係包5 6號之物)			(金漆畫山水)	
8	破團扇	一柄	四一八	破木匣片	一束
	(道光御筆蘭花)		四一九	舊包式袋	兩個
9	景泰藍小盤	一件	四二〇	畫叉	一個
10	破紅木小雜件	十二件	四二一	竹簾	兩個
	(以上共置四〇九號箱中)		四二二	綢圍桌罩	四個
四一〇	描金漆架	一個		(帶黃布包)	
四一一	黃綢囊	一個	四二三	紅呢坑罩	兩大塊
四一二	鍍金爐下	一對	四二四	破黃布	兩塊
四一三	景泰藍香爐	一個	四二五	錦墊	一個

《故宫物品点查报告》坤宁宫部分对这两幅画的记载

《荷亭晚钓图》的文物号为"故 8758"，参考号为"地四一四之 1",《庭院游戏图》的文物号为"故 8759",参考号为"地四一四之 2"，"地"字即为坤宁宫的代码，编号"四一四"也与《故宫物品点查报告》中"荷亭晚钓图两轴"的序号相符。由此可以判定，今《清人画大公主大阿哥荷亭晚钓图轴》与《清人画大公主大阿哥庭院游戏图轴》即《故宫物品点查报告》中记载的，装在木盒中，上有"大公主大阿哥喜容一轴"字样的"荷亭晚钓图两轴"，也就是自咸丰五年（1855 年）起便一直存放在坤宁宫东暖阁的"隐志郡王荷亭晚钓图一轴"与"隐志郡王、大公主喜容一轴"。今文物名称中的"大公主"、"大阿哥"字样应由《故宫物品点查报告》中"大公主大阿哥喜容一轴"的记载而来。由上述结论可进一步得知,《荷亭晚钓图》与《庭院游戏图》中的两位主人公便是隐志郡王和与他同时期的端悯固伦公主。

五　隐志郡王——奕纬

由上述结论可知，图中所绘大阿哥为隐志郡王。隐志郡王即奕纬,道光帝长子,生于嘉庆十三年(1808 年)四月二十一日，母和妃纳喇氏，卒于道光十一年（1831 年）四月十二日，终年二十三岁，谥"隐志"。咸丰帝即位后，追封郡王。《清史稿》记载："隐志郡王奕纬，宣宗第一子。嘉庆二十四年，封贝勒。道光十一年四月薨，以皇子例治丧，进封隐志贝勒。文宗即位，进郡王。”

奕纬于道光二年(1822年)二月被指婚,其福晋为英海之女,《清宣宗实录》记载:“英海之女,指为大阿哥福晋。著该衙门选择吉期,举行指婚典礼。”但他婚后并无子嗣,后以奕纪子载治为后,袭贝勒。

关于奕纬生病与去世的情况,《清宣宗实录》有较为详细的记载,道光十一年(1831年)四月,“癸巳……临视皇长子奕纬疾。甲午……皇长子奕纬薨”。道光帝因此谕内阁:“大阿哥奕纬,自上年秋间遘疾,至今春甫经就痊。兹复患病旬余,竟尔不起。深为悼恻,著追封多罗贝勒。所有应行典礼,著照皇子例办理。”道光十一年五月,“赐皇长子贝勒奕纬谥曰‘隐志’”。由《实录》记载可知,奕纬应因患病而去世,且患病已半年有余,病情反复,并非像坊间所说因惹道光帝发怒,被其踢中下体而亡。

六 大公主——端悯固伦公主

由隐志郡王的身份可以推断,图中的大公主应为与他同时期的道光帝的大公主,即端悯固伦公主。端悯固伦公主,道光帝长女,生于嘉庆十八年(1813年)十月初二日,母为佟佳氏,即孝慎皇后,卒于嘉庆二十四年(1819年)十月二十日,年仅六岁,追封为郡主。嘉庆二十五年(1820年)九月追封为端悯固伦公主。

隐志郡王生母和妃画像

端悯固伦公主生母孝慎皇后画像

道光帝在其继位之初便追封了大公主,《清宣宗实录》记载,嘉庆二十五年(1820 年)九月戊寅,道光帝谕内阁:“朕长女,著追封为端悯固伦公主”。此外,道光帝还于道光三年(1823 年)九月、道光七年(1827)九月亲临端悯固伦公主园寝赐奠。值得注意的是,道光七年九月的祭奠活动奕纬很可能也参加了,

清人绘 旻宁行乐图轴 故宫博物院藏

《清宣宗实录》记载："甲子，上至宝华峪，临视孝穆皇后梓宫奉安地宫，奠酒毕，命皇长子奕纬行礼。王以下文武大臣官员均随行礼。临端悯固伦公主园寝赐奠。"这一天，道光帝在祭奠了孝穆皇后的陵寝后，又到端悯固伦公主的园寝祭奠，陪同道光帝一并去祭祀孝穆皇后的奕纬应该也不会缺席。可以想象，曾经儿时的玩伴如今却生死分隔，场景不禁令人唏嘘。

七　绘画时间与描绘地点

绘画时间

这两幅画的绘画风格属于清宫纪实绘画，此类绘画具有较强的写实性。因此，从画中人物的年纪，可以推断此图应绘于嘉庆后期，具体而言，应晚于嘉庆十八年（1813 年，端悯固伦公主出生），早于嘉庆二十四年（1819 年，端悯固伦公主夭亡）。也就是说，此图应绘于旻宁还作为皇子时期。由于道光帝的次女与次子分别生于道光五年（1825 年）与道光六年（1826 年），因此在道光五年之前，他们为其仅有的一对子女，也就是旻宁为皇子期间仅有的子女。

道光帝十分喜爱为自己幼年的儿女画像。他于道光十二年（1832 年）命沈振麟为年仅一岁的六公主、四阿哥、五阿哥分别绘制喜容，又于道光十三年（1833 年）命贺世魁为道光十二年出生的六阿哥绘《六阿哥行乐图》、为道光十年（1830 年）出生的六公主绘《六公主行乐图》。而《荷亭晚钓图》与《庭院游戏图》的绘制则很有可能是这一习惯的开始。

描绘地点

根据《荷亭晚钓图》与《庭院游戏图》所绘的景致可以推断这两幅图所描绘的应为圆明园的景色。自雍正朝以后，圆明园即为清帝常住的办公休憩场所。每年在紫禁城过完冬后，

清人绘 圆明园四十景图咏之濂溪乐处 法国巴黎国家图书馆藏

圆明园濂溪乐处北岸荷花亭与《荷亭晚钓图》中荷花亭对比

皇帝便会搬往圆明园居住，届时皇子及其家人也会一并搬往圆明园。

《荷亭晚钓图》所描绘的场景与建筑风格与圆明园的濂溪乐处较为相近。此处为圆明园四十景之一，是圆明园中较大的一座园中之园。全园中心是一个被湖面和小溪所围绕的大型岛屿，

清人绘　圆明园四十景图咏之洞天深处　法国巴黎国家图书馆藏

岛略偏西北，留出东南水面广种荷花。岛上及湖外四周岸边遍布小亭。其小亭样式与《荷亭晚钓图》中的小亭建筑形式十分接近，再加上此处为圆明园中最著名的观赏荷花的景点之一，《荷亭晚钓图》很有可能描绘的就是这里的场景。

《庭院游戏图》描绘的场景与建筑则与圆明园的洞天深处较为接近。此处亦为圆明园四十景之一，是皇子读书和居住的场所。其东北、东南、西北、西南四所为皇子生活居住的地方，西部南北二岛则为皇子读书之处。当嘉庆帝在圆明园居住时，身为皇子的旻宁便会在此处居住读书。而《庭院游戏图》中大阿哥、大公主玩耍的场所很有可能就是他们父亲的居所。画中的房屋、院墙形式亦与洞天深处的建筑风格相符。

圆明园洞天深处与《庭院游戏图》建筑对比

八 结论

通过对《陈设档》的对比研究，可以得出结论：《清人画大公主大阿哥荷亭晚钓图轴》与《清人画大公主大阿哥庭院游戏图轴》所绘的人物身份相同，其中的大阿哥即隐志郡王奕纬，大公主即端悯固伦公主，他们分别为道光帝的长子和长女，其关系为兄妹。奕纬比端悯固伦公主年长五岁，与画中人物形象相符。

在研究清代宫廷纪实绘画时，配合对《陈设档》、《活计档》等历史档案的研究，有助于我们了解此画在宫廷的流传保存情况、存放位置等信息，不仅可以加深对画作的理解，同时也对确定画中人物的身份有所帮助。对于清代宫廷纪实绘画的研究，确定人物身份是十分重要的。随着画中人物身份的确定，画作的历史价值也将大为提升，使其在艺术性之外，还可以为我们提供更为精准的历史信息。这些宫廷纪实绘画将档案文献中的文字图像化了，其中蕴含的信息量是文字的数倍，亦是文字描述所不可替代的。这也提醒我们在注重传统的宫廷史研究的基础上，应加强对清代宫廷纪实绘画的研究，采用跨学科的研究方法，将图像和档案文献结合起来，使二者发挥出更大的价值。（宋文）

图书在版编目（CIP）数据

天子的写真/ 程子衿主编. - 北京 :故宫出版社,
2016.8（2018.6重印）
（紫禁城悦读）
ISBN 978-7-5134-0896-7

Ⅰ. ①天… Ⅱ. ①程… Ⅲ. ①皇帝 - 生平事迹 - 中国 - 清代 - 画册 Ⅳ. ①K827=49

中国版本图书馆CIP数据核字（2016）第180081号

紫禁城悦读 · 天子的写真
程子衿◎主编

出 版 人：王亚民
责任编辑：周利楠　王志伟
装帧设计：王　梓　梅　子
出版发行：故宫出版社
地址：北京市东城区景山前街4号　邮编：100009
电话：010-85007808　010-85007816　传真：010-65129479
网址：www.culturefc.cn　邮箱：ggcb@culturefc.cn
印　　刷：北京启航东方印刷有限公司
开　　本：787毫米×1092毫米　1/36
字　　数：95千字
印　　张：4.75
版　　次：2016年8月第1版
2018年6月第2次印刷
印　　数：5001～11000册
书　　号：ISBN 978-7-5134-0896-7
定　　价：36.00元